Sigrid Gregor

Prinzesinnengeschichten

arsEdition

Bibliografische Information der Deutschen Bibliothek

Die Deutsche Bibliothek verzeichnet diese Publikation in der Deutschen Nationalbibliografie; detaillierte bibliografische Daten sind im Internet über http://dnb.ddb.de abrufbar.

Stickerspaß im Wendeformat!

In jeder Geschichte ersetzen schwarz-weiße Bilder die Namenwörter. In der Mitte des Heftes findest du viele bunte Sticker.

Nimm einfach den passenden Sticker heraus und klebe ihn an der richtigen Stelle über das schwarz-weiße Bild.

Viel Spaß beim Stickern und Lesen!

5 4 3 2 1   11 10 09 08

© 2008 arsEdition GmbH, München
Alle Rechte vorbehalten
Text, Titelbild und Innenillustrationen: Sigrid Gregor
Titel- und Rückseitenvignetten: Betina Gotzen-Beek

ISBN 978-3-7607-3273-2

www.arsedition.de

Die Fee im Pudding

Prinzessin Rosa

hat Prinzessin Isabell

und Prinzessin Lida

auf ihr eingeladen.

Die freuen sich nicht besonders.

Bei  ist es immer so langweilig!

Die Prinzessinnen müssen im

artig auf goldenen sitzen.

Auf dem ist alles aufgebaut,

was schmeckt:

 , und

ein großer .

will gerade

ihren goldenen

in den tauchen,

da saust etwas an ihrem vorbei.

Platsch!

Etwas ist in den gefallen.

„Was ist das denn?", kreischt .

 und  schauen sich

den an.

Eine winzig kleine

zappelt darin herum!

 packt vorsichtig ihre

und zieht sie heraus.

 nimmt ihr und

putzt die ab.

„Danke!", zirpt die .

„Darf ich mal vom naschen?

Der duftet so lecker, dass mir

ganz schwindlig im wurde.

Deshalb bin ich abgestürzt."

serviert ihr

einen kleinen voll .

Die isst ihn mit ihren .

Entzückt verdreht sie die   .

Sie wispert: „Danke!

Dafür zaubere ich euch etwas vor."

Plötzlich kriegt der

und tanzt mit dem

auf dem herum.

Die bekommen

und flattern im .

Schließlich wächst aus der

ein bunter glitzernder !

 ist begeistert!

Die  flüstert: „Jetzt dürft ihr euch noch etwas wünschen!"

„Komm morgen wieder!", ruft .

„Gern", haucht die .

„Und wir kommen auch!", rufen und .

Wörter zu den Bildern

Noch mehr Stickerspaß findest du in den lustigen Känguru-Stickerheften:

ISBN: 978-3-7607-3272-5

ISBN: 978-3-7607-3271-8

ISBN: 978-3-7607-3274-9

Wörter zu den Bildern

Lida   Leo   Maachen   Junge   Gespenst   Schwert

Dach   Finger   Nase   Schrank   Bäume   Hand

Geisterschwanz   Spinne   Knoten   Tür   Haken

Bett   Gesicht   Arm   Schloss   Zimmer

Aber die steht schon da,

 in  mit dem ,

und lacht ihn aus:

„Ist doch nur ein

ganz kleines ,  !

Dass ein großer  so feige ist!"

 kreischt

und springt aus dem .

Ein  greift

mit langen weißen nach ihm!

„Hilfe!", schreit

und rennt in das  von .

Nachts liegt in seinem  und schläft.

Plötzlich fährt eine eiskalte  über sein !

 macht den auf.

Glücklich schwebt das

auf sie zu.

„Ich will mich

bei dir bedanken, ", säuselt es.

„Ich weiß auch schon wie",

sagt .

„Mein großer Bruder

hat meinen

an einem festgeknotet!

Jetzt komme ich nicht mehr los!",

heult das .

Vor sich sieht sie

einen riesigen alten .

Im wimmert etwas!

Vorsichtig öffnet die .

Ein kleines, ganz verheultes

hockt im !

 hat die voll!

Sie will sich an  rächen.

Wütend läuft sie durch das

bis ganz oben unter das .

Sie öffnet eine große knarrende .

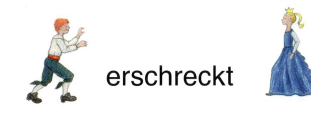 erschreckt  gern.

Er springt plötzlich hinter einer

hervor und macht: „Huhuu!"

Gestern hat er

eine  ins  gesetzt.

Er lacht sie aus:

„Du kannst nicht auf  klettern.

Du kannst nicht

mit einem kämpfen.

Du bist nur ein feiges kleines !"

Lidas Rache

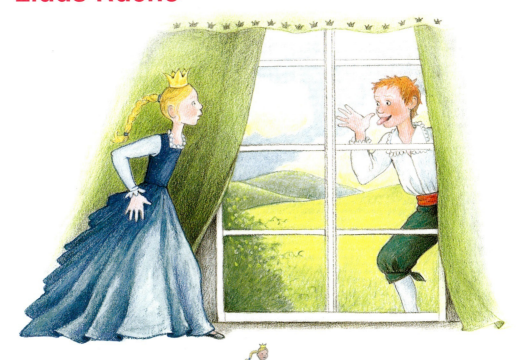

Prinzessin Lida ist unglücklich.

Ständig wird sie

von ihrem großen Bruder Leo

geärgert.

Sigrid Gregor

Prinzessinnengeschichten

arsEdition